CATALOGUE DES TABLEAUX

DES DIVERSES ÉCOLES

LIVRES, GRAVURES, ETC.

FORMANT LE COMPLÉMENT DE LA COLLECTION DE

M. Ed. LAFORGE

Dont la vente aura lieu à Lyon, place des Cordeliers, 1,
le 1er mars 1869 et jours suivants, à 7 h. du soir,

Par le ministère de M. RÉMY, commissaire-priseur,

Assisté de M. CARRAND père, archéologue.

Exposition publique les jeudi 25, vendredi 26 et samedi 27 février, de midi à 3 heures.

LE PRÉSENT CATALOGUE SE DISTRIBUE

A Lyon, chez Me Deville, avoué, rue Constantine, 5, et chez M. Rémy, commissaire-priseur, quai de l'Hôpital, 21 ;

A Paris, chez M. Carrand fils, rue du Sentier, 20.

LYON
IMPRIMERIE D'AIMÉ VINGTRINIER
RUE BELLE-CORDIÈRE, 14

1869

CATALOGUE
DES TABLEAUX
DES DIVERSES ÉCOLES
LIVRES, GRAVURES, ETC.

FORMANT LE COMPLÉMENT DE LA COLLECTION DE

M. Ed. LAFORGE

Dont la vente aura lieu à Lyon, place des Cordeliers, 1, le 1er mars 1869 et jours suivants, à 7 h. du soir,

Par le ministère de M. RÉMY, commissaire-priseur.

Assisté de M. CARRAND père, archéologue.

Exposition publique les jeudi 25, vendredi 26 et samedi 27 février, de midi à 3 heures.

LE PRÉSENT CATALOGUE SE DISTRIBUE

A Lyon, chez Me Deville, avoué, rue Constantine, 5, et chez M. Rémy, commissaire-priseur, quai de l'Hôpital, 21;

A Paris, chez M. Carrand fils, rue du Sentier, 20.

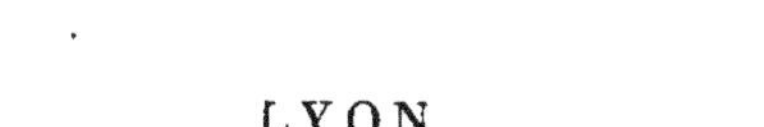

LYON
IMPRIMERIE D'AIMÉ VINGTRINIER
RUE BELLE-CORDIÈRE, 14

1869

CONDITIONS DE LA VENTE

Il sera perçu 5 % en sus du prix d'adjudication, applicables aux frais.

Lorsque nous visitames pour la première fois, à notre retour à Lyon, la collection de M. Laforge, nous eûmes l'occasion de dire à quelques personnes qui nous en demandaient notre opinion, que les tableaux étaient, à notre avis, ce qu'il y avait de mieux choisi. Le nouvel examen que nous avons été obligés d'en faire, à l'occasion de la présente vente, n'a fait que nous confirmer dans cette première impression : cela ne veut pas dire que tous soient des œuvres de premier ordre, mais que chacun d'eux, à l'exception de quelques peintures insignifiantes qui existaient dans la maison de campagne, et que nous n'avons point cataloguées, présente un intérêt artistique quelconque; ce qui s'explique du reste par les études que M. Laforge à faites autrefois comme peintre.

Les amateurs pourront remarquer, parmi les sujets religieux, les n°s 9, 10, 11, 14, 15, 16, 22, 23, 25, 31, 48, 51, 54, 64, 87 et 112; parmi les paysages, les n°s 76, 78, 79, 80, 81, 82, 84, 98, 99, 100, 105, 109, 140 et 151; parmi les sujets d'animaux ou nature morte, les n°s 88, 90, 110, 127, 129 et 145; parmi les tableaux de genre, les n°s 59, 60, 61, 62, 67, 69, 70, 75, 86, 92, 93, 96, 104, 106, 138, 152 et 153, et enfin parmi les portraits, les n°s 13, 39, 40, 42, 55, 56, 57, 58, 63, 65, 66, 71, 74, 83, 85, 94, 101, 103, 107, 108, 115, 117, 119, 120, 121, 122, 123, 139, 148 et 150.

Pour faciliter un examen plus minutieux des tableaux, ceux qui devront être vendus le soir, au nombre de 30 environ en suivant l'ordre du catalogue, seront descendus le matin, pour être vus de midi à deux heures, chaque jour de vente, et placés sur le chevalet, à la demande des amateurs.

Immédiatement après les tableaux, il sera veudu quelques gravures et des livres, la plupart sur les arts et avec figures, dont il ne nous a pas paru nécessaire de faire le catalogue, ainsi que quelques objets de curiosité qui n'ont pu être écoulés dans la première vente.

CATALOGUE DES TABLEAUX

DE

M. Ed. LAFORGE

ÉCOLE ITALIENNE.

Ancienne école d'Italie (fin du XIIIe siècle).

1. — *La Vierge allaitant l'enfant Jésus.*
Sur bois, fond doré.
Haut. 69 c., larg. 49.

Simon MEMMI (École de) (1284 à 1344).

2. — *Le Christ en croix : au pied la Vierge et la Magdeleine, saint Jean, sainte Catherine et sainte Marguerite.*
Haut. 45 c., larg. 38.

École de Sienne (XIVe siècle).

3. — *La Vierge tenant le divin enfant.*
Peinture à fond d'or sur panneau, en forme de pignon.
Haut. 1 m. 09 c., larg. 68.

Taddeo GADDI (1300 à 1352).

4. — *Le baiser de Judas.*
Sur bois, avec fond doré.
Haut. 37 c., larg., 16.

Angelo da FIESOLE (École d') (1387 à 1455).

5. — *La mort de la Vierge.* Composition de nombreuses figures, parmi lesquelles le *Donateur et son fils.*

Grand panneau à fond d'or, d'un faire curieux.

Haut. 1 m. 30 c., larg. 1 m. 25 c.

Gentile da FABRIANO (1360 à 1440).

6. — *La Vierge contemplant son divin fils : au-dessus plane le St-Esprit.*

Tableau sur bois, forme cintrée dans le haut.

Haut. 96 c., larg. 60.

Ancienne école d'Italie (XVe siècle).

7. — *Saint Philippe et saint Laurent.*

Sur bois, fond doré.

Haut. 32 c., larg. 22.

Gentile BELLINI (d'après) (1421 à 1501).

8. — *Réception d'ambassadeurs à Constantinople.*

Sur bois.

Haut. 38 c., larg. 65.

Dominique CURADI dit le GHIRLANDAJO (1449 à 93).

9. — *La Vierge tenant son divin fils debout sur ses genoux.* Fond d'architecture.

Beau tableau, d'un grand style et d'une pieuse expression.

Sur bois, cadre doré.

Haut. 65 c,. larg. 45.

Pietro VANUCCI dit le PÉRUGIN (école du) (1446 à 1524).

10. — *La prédication de saint Jean dans le désert.*
Composition d'un grand nombre de figures dans le style suave de cette époque.
Sur bois, ancien cadre doré.
Haut. 49 c., larg. 39.

Benvenuto TISIO dit le GAROFALO (1481 à 1539).

11. — *La Vierge tenant le divin enfant.*
Peinture d'un coloris éclatant et du plus séduisant style.
On lit au haut du tableau, cette inscription : *De dame Francoyse de Foix*, 1518.
Sur bois, ancien cadre doré.
Haut. 44 c., larg. 33.

Ancienne école d'Italie (XVIe siècle).

12. — *Le Calvaire.*
Comp. de nombreuses figures sur bois, fond doré.
Haut. 31 c., larg. 24.

Sébastien Luciano dit SEBASTIAN del PIOMBO (1485 1547).

13. — *Portrait de vieille femme.*
Sur bois, ancien cadre doré.
Haut. 52 c., larg. 40.
On sait la rareté de ce maître.

Léonard de VINCI (école de) (1452 à 1519).

14. — *La Vierge assise, tenant son divin fils.*
Tableau reproduisant le caractere du maître.
Sur bois, cadre doré.
Haut. 49 c., larg. 42.

Raphaël SANZIO (d'après) (1485 à 1520).

15. — *Sainte famille.*

Belle et ancienne copie sur toile circulaire, cadre doré.

Diam. 1 m.

Marc-Antoine FRANCIABIGIO (1482 à 1524).

16. — *La Vierge tenant le divin enfant debout sur ses genoux.*

Tableau sur bois, d'un grand fini et d'une expression pleine de douceur.

Ancien cadre doré.

Haut. 63 c., larg. 49.

LUINI.

17. — *La Vierge tenant l'enfant Jésus sur ses genoux.*

Fond d'architecture sur bois.

Haut. 57 c., larg. 42.

Del ROSSO dit maître ROUX (1496 à 1541).

18. — *Apollon et Daphné.*

19. — *Bacchus et Ariane.*

Deux pendants, sur bois, cadres dorés ; tableaux fins et conservés.

Haut. 14 c., larg. 15.

F. PRIMATICIO dit le PRIMATICE (école de) (1490 à 1570)

20. — *Sainte Famille.*

La Vierge et St-Joseph contemplant l'enfant Jésus endormi.

Sur toile.

Haut. 1 m. 17 c., larg. 87.

Louis ROSSO (XVIe siècle).

21. — *L'Amour redemandant ses traits à sa mère.*
Tableau d'un grand style et d'une belle couleur.
Sur toile, ancien cadre doré.
Haut, 1 m. 01 c., larg. 86.

Louis CARRACHE (1555 à 1619).

22. — *Ste-Famille. La Vierge et son divin fils, avec le jeune saint Jean.*
Ovale sur toile, ancien cadre doré.
Haut. 1 m. 22 c., larg. 1 m. 04.

Ciro FERRI.

23. — *Le Christ mort, sur les genoux de sa mère.*
Peinture d'un beau fini.
Sur toile, ancien cadre doré.
Haut. 48 c., larg. 35.

Ecole italienne (XVIe siècle)

24. — *L'adoration des bergers*; peinture en camaïeu avec rehauts d'or.
Sur bois, cadre doré.
Haut. 24 c., larg. 40.

Guido RENI dit le GUIDE (1575 à 1642).

25. — *La Vierge tenant l'enfant Jésus sur ses genoux et levant les yeux au ciel.*
Tableau plein d'expression et d'une grande manière.
Sur toile, ovale, cadre doré.
Haut, 99 c., larg. 73.

Jacques LOCATELLI (1580 à 1628).

26. — *Paysage avec figure et bestiaux.*
Tableau d'une belle couleur,
Sur toile, cadre doré.
Haut. 60 c., larg. 71.

Ecole italienne.

27. — *Portrait d'Alexandre Gondi à l'âge de sept ans.*
Sur bois.
Haut. 57 c., larg. 44.

Ecole italienne.

28. — *L'enfant Jésus porté sur les nuages et dans l'attitude de bénir.*
Sur toile, ovale, cadre doré.
Haut. 73 c., larg. 59.

Gaspard Dughet dit le GUASPRE (1613-75).

29. — *Paysage avec figures.*
Toile circulaire collée sur bois, cadre doré.
Diam. 21 c.

Ecole du même.

30. — *Paysage avec figures.*
Sur bois, cadre doré.
Haut. 43 c., larg. 34.

Lucas GIORDANO (1632 à 1705).

31. — *Ste-Famille.*
Sur toile, cadre doré.
Haut. 1 m. 02 c., larg. 78.

Le même.

32. — *Amour soulevant une draperie.*
Sur toile.
Haut. 81 c., larg. 66.

Jean-Baptiste PIAZZETTA (1683 à 1734).

33. — *Portraits d'un jeune homme et d'une jeune fille;* le premier tient un violon.
Sur toile, ancien cadre noir et or.
Haut. 60 c., larg. 45.

Le même.

34. — *Portrait de jeune femme avec les mains.*
Sur toile.
Haut. 53 c., larg. 43.

Marco UGGIONI (1520...).

35. — *La Vierge et l'enfant Jésus tenant la croix.*
Tableau d'un coloris faible, mais d'un grand fini.
Sur bois, ancien cadre doré.
Haut. 40 c., larg. 32.

Ecole florentine (XVIe siècle).

36. — *Le Christ jugeant les vivants et les morts.*
Composition de nombreuses figures pour l'exécution d'un grand tableau.
Sur toile, cadre doré.
Haut. 65 c., larg. 32.

Ecole italienne.

37. — *La Vierge; représentée en buste, avec les mains.*
Ovale sur cuivre, cadre à feuillage et fruits d'une belle sculpture.
Haut. 9 c.

Michel-Ange CERQUOZZI dit des BATAILLES (1600-60).

38. — *Fruits divers ; melons, pêches, raisins, etc.*
Sur toile, cadre doré.
Haut. 61 c., larg. 99.

ÉCOLE ALLEMANDE.

Jean HOLBEIN (1498 à 1554).

39. — *Portrait de Luther*
Beau dessin au lavis, sur papier.
Sous verre, cadre en ébène.
Haut. 27 c., larg. 19.

Ecole du même.

40. — *Portrait de vieillard, décoré du collier de saint Michel.*
Sur bois, cadre doré.
Haut. 36 c., larg. 26.

Ecole allemande (XVIe siècle) (genre d'Alb. DURER).

41. — *Buste du Christ.*
Il bénit de la main droite, et tient de la gauche le globe surmonté d'une croix.
Sur bois.
Haut. 52 c., larg. 35.

Christophe AMBERGER (1490 à 1563).

42. — *Portrait de jeune femme avec les mains.*
Très beau tableau, d'une grande fraîcheur de coloris. On sait que les portraits de ce maître ont été souvent attribués à Holbein.
Sur bois, ancien cadre doré.
Haut. 63 c., larg. 45.

Ancienne école allemande.

43. — *La Vierge et son divin fils.*
Sur bois, cadre doré.
Haut. 54 c., larg. 33.

Même école (XVIe siècle).

44. — *La Vierge assise au milieu d'un paysage présentant de nombreuses fabriques et des accessoires curieux.*
Ancien tableau à volets, sur bois, avec pignon de forme cintrée.
Haut. 89 c., larg. 74.

Même école.

45. — *La Vierge tenant l'enfant Jésus debout sur ses genoux.*
Sur bois.
Haut. 1 m. 07 c., larg. 77.

Hans SUNDER de KRANACH (1472 à 1553).

46. — *Vénus tenant la pomme.*
Sur bois, avec le monogramme du maître.
Haut. 81 c., larg. 25.

47. — Le même sujet, avec quelque différence.
Mêmes dimensions, cadre doré.

Lucas SUNDER de KRANACH (le jeune) (1515-86).

48. — *Jésus crucifié entre les deux larrons.*

Composition de nombreuses figures, offrant des costumes curieux.

Sur bois, ancien cadre doré.

Haut. 64 c., larg. 41.

Ecole allemande (XVIe siècle).

49. — *Portrait d'un jeune médecin.*

Il tient un livre d'une main tandis que l'autre est appuyée sur un crâne.

Sur bois.

Haut. 51 c., larg. 38.

Ecole allemande (genre de l'ALBANE).

50. — *Réunion de nymphes dans un bosquet.*

Sur toile.

Haut. 50 c., larg. 65.

Même école.

50 bis. — *Vénus portée sur les eaux.*

Sur toile, ancien cadre doré.

Haut. 48 c., larg. 33.

ÉCOLES FLAMANDE ET HOLLANDAISE.

Ancienne école flamande (XVIe siècle).

51. — *La Vierge tenant le divin enfant.*

Sur bois, cadre doré.

Haut. 22 c., larg. 14.

Quentin METSIS (école de) (1500-20).

52. — *La Vierge, l'enfant et saint Joseph.*
Sur bois.
Haut. 51 c., larg. 35.

Ecole flamande (XVIe siècle).

53. — *La Visitation.*
Composition de huit figures.
Sur bois, ancien cadre doré.
Haut. 29 c., larg. 60.

Bernard VAN ORLEY (1471 à 1541).

54. — *Le triomphe du Christ.*
Belle composition d'un grand nombre de fig.
Sur bois, ancien cadre doré.
Haut. 50 c., larg. 32.

Frans PORBUS père (1540-80).

55. — *Portrait de jeune femme (avec ses armes) XVIe siècle.*
Haut. 50 c., larg. 40.

François FORBUS jeune (1570 à 1622).

56. — *Portrait d'homme.*
Un des meilleurs de ce maître.
Sur bois, cadre doré.
Haut. 44 c., larg. 34.

Le même.

57. — *Portrait d'homme.*
Tableau d'une vérité remarquable.
Sur bois, cadre doré.
Haut. 45 c., larg. 35.

Le même.

58. — *Portrait d'homme.*
Sur bois, cadre doré.
Haut. 62 c., larg. 50.

Pierre-Paul RUBENS (1577 à 1640).

59. — *Jacob allant au devant de son frère Esaü pour l'apaiser.*
Belle esquisse contenant beaucoup de figures.
Sur bois, cadre doré.
Haut. 39 c. larg. 31.

D'après le même.

60. — *Réunion de dames et cavaliers dans un paysage : dit le jardin d'amour* : très belle copie.
Sur bois, ancien cadre doré.
Haut, 51 c., larg. 74.

Jacques JORDAENS (1598 à 1678).

61. — *Une femme trayant une chèvre; auprès d'elle, un jeune enfant et un satyre.*
Belle esquisse sur toile, cadre doré.
Haut. 33 c., larg. 46.

Ecole de RUBENS.

62. — *Suzanne surprise au bain par les deux vieillards* : tableau d'un beau coloris et bien conservé.
Sur bois.
Haut. 85 c., larg. 65.

Frans HALS (1585).

63. — *Portrait de femme.*

Peinture d'une touche magistrale.

Sur toile, cadre doré.

Haut. 58 c., larg. 46.

Daniel ZEGERS ou SEGHERS et Corneille SCHUT (1590-1661).

64. — *La Vierge tenant le divin enfant sur ses genoux; auprès d'elle deux anges en adoration.*

Sujet entouré d'une couronne de fleurs parmi lesquelles se jouent des anges : au-dessous la ville de Jérusalem.

Tableau très fin et très conservé.

Sur bois, cadre doré.

Haut. 80 c., larg. 55.

Jean VAN RAVESTEIN (1580 à 1655).

65. — *Portrait d'un jeune prince tenant un faucon.*

Sur bois.

Haut. 74 c., larg. 58.

Le même.

66. — *Portrait de jeune homme.*

Sur bois, ancien cadre doré.

Haut. 23 c., larg., 19.

Jean BREUGHEL dit DE VELOURS (1568 à 1525).

67. — *Vénus choisissant des armes pour Enée.*

Fond de paysage où l'on aperçoit les ateliers de Vulcain et des amas d'armes finement peintes

Sur bois, cadre doré.

Haut. 33 c., larg. 53.

David TENIERS père (signé) (1582 à 1649).

68. — *Deux religieux montrent à un roi et à la reine des disques (hosties ?) d'où s'échappe un jet de sang.*
Légende qui nous est inconnue quant au sujet.
Sur toile, cadre doré.
Haut. 97 c., larg. 73.

David TENIERS (1610-94).

69. — *Le retour du Viatique à l'église.*
Composition de dix-sept figures sur fond de paysage.
Tableau capital, d'un ton clair, signé du maître.
Sur bois, cadre doré.
Haut. 53 c., larg. 85.

Corneille POELEMBURG (1586 à 1660).

70. — *Nymphes au bain, fond de paysage.*
Tableau fin et conservé.
Haut. 16 c., larg. 21.

Jean VAN DEN HOECK (signé du monogramme) 1598 à 1651).

71. — *Portrait d'homme.*
Belle peinture, d'une grande animation et parfaitement conservée. Ce maître fut avec Van Dick le meilleur élève de Rubens.
Sur toile, cadre doré.
Haut. 75 c., larg. 63,

Peter NEEFS jeune (1600-60).

72. — *Saint Pierre délivré de la prison par un ange.*
Effet de nuit, bien conservé.
Sur bois, cadre doré.
Haut. 22 c., larg. 27.

Jean DAVID de HEEMS (Ecole de) (1600-74).

73. — *Figues et raisins.*
Sur toile, cadre doré.
Haut. 41 c., larg. 34.

Antoine G. STEVENS dit PALAMEDES (1604-80).

74. — *Portrait de jeune femme.*
On sait que les portraits de ce maître sont rares.
Sur toile.
Haut. 85 c., larg. 67.

Ferdinand BOL (1609-81).

75. — *La supercherie des prêtres de Baal découverte.*
Sur bois, cadre doré.
Haut. 63 c., larg. 85.

Adrien VAN DER KABEL.

76. — *Vue d'un port de mer (ou sur l'Escaut).*
Grande composition très-riche de figures et de fabriques.
Sur toile, cadre doré.
Haut. 64 c., larg. 80.

Le même.

77. — *Marine avec figures.*
Panneau circulaire, cadre doré.
Diam. 22 c.

François DECKER (1684 à 1751) (signé),

78. — *Paysage avec de nombreuses figures, cavaliers et chariots.*

Tableau d'un beau coloris et plein de transparence.

Sur bois, cadre doré.

Haut. 38 c., larg. 58.

Jean ASSELIN (1610-60).

79. — *Ancienne entrée de Lyon par le faubourg de Vaise.*

On y voit le château de Pierre-Scize.

Bonne peinture, bien conservée.

Sur toile, cadre doré.

Haut. 50 c., larg. 40.

Jacques RUISDAEL (1625-81).

80. — *Paysage avec figures ; effet du soleil.*

Sur bois, cadre doré.

Haut. 40 c., larg. 53.

A.-V. RONTBOUTS (1660).

81. — *Paysage avec figures.*

Sur bois, cadre doré.

Haut. 40 c., larg. 60.

Corneille HUYSMANS de MALINES (1648 à 1727).

82. — *Paysage avec figures.*

Beau tableau d'une couleur aussi riche que transparente.

Sur toile, cadre doré.

Haut. 70 c., larg. 78.

Barthélemi VAN DER HEST (1613-70).

83. — *Portrait d'homme.*
Sur toile, cadre en bois noir guilloché.
Haut. 42 c., larg. 33.

Isaac VAN OSTADE (1617-54).

84. — *Chaumière et figures dans un paysage.*
Tableau d'une bonne couleur et d'une grande transparence.
Sur bois, cadre noir richement guilloché.
Haut. 22 c., larg. 27.

REMBRANDT VAN RYN (1608-69).

85. — *Portrait du maître,* et qui peut bien lui être attribué, s'il a répété cette peinture, car c'est bien la meilleure que nous connaissions de ce type.
Sur toile, cadre doré.
Haut. 62 c., larg. 47.

Gerbrandt VAN DER EYCCOUTH (1621-74).

86. — *L'homme au poignard.*
Ce personnage vêtu dans le riche costume que Rembrandt a si souvent reproduit dans ses compositions, paraît se disposer à donner la mort à un homme endormi sur les restes d'un festin ; derrière lui, se voit la figure d'une femme qui semble l'exciter à commettre son crime.
Tableau capital et bien conservé.
Sur toile, ancien cadre doré.
Haut. 78 c., larg. 97.

Dominique FRANK (XVIIe siècle).

87. — *Le Christ en croix sur le Calvaire*; dans le fond, Jérusalem.

Peinture sur cuivre, cadre doré.

Haut. 34 c., larg. 26.

Adrien GRIFF (XVIIe siècle).

88. — *Fruits, chiens et gibier.*

Sur toile.

Haut. 38 c. larg. 46.

Alexandre ADRIAENSSEN (1650).

89. — *Nature morte (poissons), etc.*

Sur toile, cadre doré.

Haut. 50 c., larg. 74.

Jean WEENIX (1644 à 1709).

90. — *Nature morte (gibier), etc.*

Deux pendants d'une grande vivacité de coloris.

Sur toile, anciens cadres dorés.

Haut. 32 c., larg. 41.

Christian-Willem DIETRICK (1712-74).

91. — *Le sacrifice d'Abraham.*

Sur cuivre.

Haut. 30 c., larg. 43.

Philippe VLEUGHELS (1620-94).

92. — *La dispute d'Apollon et Marsyas.*

Sur bois,. ancien cadre doré.

Haut. 40 c., larg. 63.

GERARD DE LAIRESSE (1640 à 1711).

93. — *Nymphes au bain sous la feuillée.*
Tableau d'une touche aussi libre que magistrale.
Sur toile, cadre doré.
Haut. 4 m. 02 c., larg. 93.

Le même.

94. — *Portrait d'homme (le capitaine Serravalli).*
Sur bois, cadre doré.
Haut. 51 c., larg. 40.
Excellente peinture, dans la manière italienne du maître.

Le même.

95. — *La charité.*
Peinture bien modelée et d'un coloris plein de vigueur.
Sur cuivre, ancien cadre doré.
Haut. 20 c., larg. 24.

Le chevalier Nicolas VLEUGHELS (1669 à 1739).

96. — *Diane et Actéon.*
Belle composition du maître.
Sur toile, cadre doré.
Haut. 76 c., larg. 98.

97. — *Réunion de dames et cavaliers dansants;* fond de paysage avec fabriques.
Tableau d'une grande finesse.
Sur toile, cadre doré.
Haut. 39 c., larg. 49.

Meindert HOBBEMA (1625-69).

98. — *Grand paysage avec figures.*
Représentant de beaux arbres sous un ciel nuageux.
On sait que cet important tableau, dont on peut plus facilement contester la conservation que l'authenticité, a fait partie de la célèbre collection du cardinal Fesch.
Sur toile, ancien et très-beau cadre doré.
Haut. 90 c., larg. 1 m. 20.

Le même.

99. — *Paysage avec figures.*
Tableau d'un faire magistral avec de beaux arbres et une illusion d'étendue remarquable.
Sur bois, cadre doré.
Haut. 72 c., larg. 96.

Jean Miense MOLENAER (1625-60).

100. — *Vue de Munster; effet de neige.*
Composition présentant de nombreuses figures et fabriques d'un faire magistral et d'une parfaite conservation.
Sur bois, cadre doré.
Haut. 57 c., larg. 81.

Gérard HONTHORST (signé et daté 1648).

101. — *Portrait en pied et armé, grandeur de nature, de Guillaume Henri de Nassau, prince d'Orange, plus tard roi d'Angleterre sous le nom de Guillaume III.*

Idem de Marie, fille du roi Jacques II d'Ecosse, sa femme.

Ces tableaux, d'une grande fraîcheur de coloris et parfaitement conservés, sont décrits dans le dictionnaire de Siret, et méritent, de tout point, de prendre leur place dans un musée.

Sur toile,

Haut. 2 m. 20, larg. 1 m. 45.

Albert MEYERING (1645 à 1714).

102. — *L'eau.*

Tableau allégorique représentant un Fleuve, des nymphes et le dieu Pan dans un paysage.

Sur toile.

Haut. 1 m. 15, larg. 1 m. 70.

Gaspar NETSCHER (1639-84).

103. — *Portrait d'une jeune dame.*

Sur toile, ancien cadre doré.

Haut. 57 c., larg. 43.

Jean VAN MIEL (1599 à 1664).

104. — *Un paysan et une jeune femme dansent dans la cour d'une ferme ; auprès d'eux, le musicien et des buveurs sont autour d'une table.*

Tableau sur toile, d'une bonne couleur, cadre doré.

Haut. 50 c., larg. 68.

Jean VAN GOYEN (1596 à 1666).

105. — *Vue d'une ville au bord d'une rivière.*
Très-belle peinture d'une vigueur d'exécution et d'une vérité admirables.
Sur bois, cadre noir et or.
Haut. 50 c., larg. 77.

David TÉNIERS fils (1610-94).

106. — *Le retour de la chasse.*
Scène d'intérieur contenant trois figures.
Sur bois, ancien cadre doré.
Haut. 33 c., larg. 25.

Juste SUSTERMANS (1597 à 1681).

107. — *Portrait d'un jeune prince de la maison de Médicis.*
Peinture d'un beau modelé et d'une grande fraîcheur de coloris.
Ovale sur toile, cadre doré.
Haut. 58 c., larg. 45.

Le même.

108. — *Portrait d'homme.*
Belle peinture bien conservée,
Haut. 65 c., larg. 54.

Jacques VAN DER ULPH (1627-88).

109. — *Grand paysage avec ruines et figures.*
Beau tableau d'une couleur et d'une transparence admirables.
Sur bois, cadre doré.
Haut. 81 c., larg. 1 m. 15.

Melchior HONDEKOETER (1636-95).

110. — *Poule défendant ses poussins contre les attaques d'un milan.*
Sur toile.
Haut. 60 c., larg. 74.

Le même.

111. — *Etude de perroquets.*
Sur bois, cadre doré.
Haut. 43 c., larg. 58.

ECOLE ESPAGNOLE.

François ZURBARAN (1598 à 1662).

112. — *Le Christ à la colonne*; figure de grandeur naturelle, vue à mi-corps, d'une expression de souffrance résignée, remarquable.
Toile cintrée dans le haut, cadre doré.
Haut. 82 c., larg. 57.

Don Diego VELASQUEZ de SILVA (d'après) (1599 à 1660).

113. — *Portrait de Philippe IV.*
Sur toile.
Haut. 76 c., larg. 57.

Ecole espagnole (étude).

114. — *Trois anges ayant les regards tournés vers le ciel ;* sujet inconnu *: l'un d'eux tient un serpent.*
Sur toile, cadre doré
Haut. 92 c., larg 70.

Ecole espagnole.

115. — *Portrait d'homme.*
Peinture d'une grande vigueur d'exécution.
Sur toile, cadre doré.
Haut. 45 c., larg. 35.

Ecole espagnole.

116. — *Portrait d'homme.*
Sur toile ovale, ancien cadre doré.
Haut. 72 c., larg. 60.

ECOLE FRANÇAISE.

François CLOUET dit JANET ou maître Corneille, de Lyon

117. — *Portrait de femme (Catherine de Médicis), avec la date de* 1550.
Sur bois, cadre noir guilloché.
Haut. 23 c., larg. 19.

Nicolas MORE ou MIGNARD (1608-68).

118. — *Portrait d'un jeune magistrat.*
Sur toile.
Haut. 90 c., larg. 64.

Thomas BLANCHET (1617 à 1689).

119. — *Portrait d'homme avec les mains et que l'on croit être celui du maître.*
Peinture excellente de tous points, et que nous voudrions voir placée dans notre musée.
Sur toile, cadre doré.
Haut. 70 c., larg. 58.

Florent De la MARE-RICHARD (1630 à 1713).

120. — *Portrait d'Henriette de Conflans marquise d'Armantiers.*
Belle peinture portant la date de 1654.
Sur toile.
Haut. 67 c., larg. 56.

Hyacinthe RIGAUD (1659 à 1740).

121. — *Portrait de Fagon, médecin de Louis XIV.*
Toile circulaire, cadre doré.
Diam. 45.

Le même.

122. — *Portrait de Madame (de Parabère?).*
Ovale sur toile, ancien cadre doré.
Haut. 80 c., larg. 63.

Le même.

123. — *Portrait de femme.* (Une des filles du Régent, la duchesse de Berry, je crois).
Sur toile.
Haut. 73 c., larg. 59.

Donat NONOTTE (1707-85).

124. — *Portrait d'homme.*
Sur toile.
Haut. 60 c., larg. 50.

Ecole de LEBRUN.

125. — *Mucius Scevola devant Porsenna, roi des Etrusques.*
Sur toile ovale.
Haut. 99 c., larg. 75.

Ecole française.

126. — *Vue des jardins de Versailles, avec figures.*
Sur bois, cadre doré.
Haut. 22 c., larg. 28.

François DESPORTES (1661 à 1743).

127. — *Chiens et gibier.*
Tableau grandeur de nature, d'une facture rigoureuse.
Sur toile, cadre en bois-sculpté.
Haut. 1 m. 45 c., larg. 1, 30.

Le même.

128. — *Nature morte (fruits divers).*
Sur toile, cadre doré.
Haut. 54 c., larg. 68.

Jean-Baptiste OUDRY (1686 à 1755).

129. — *Chien et gibier;* le fond est rempli par une plante de pavot.
Beau tableau de ce maître.
Sur toile, cadre doré.
Haut. 1 m. 17 c., larg. 84.

Le même.

130. — *Chien et gibier avec fond de paysage.*
Sur toile.
Haut. 22 c., larg. 27.

D'après le même.

131. — *Chien et gibier.*

D'après le même.

132. — *Chiens divers dans un paysage.*
Deux pendants sur toile, cadres dorés
Haut. 16 c., larg. 20.

Nicolas LANCRET (1690 à 1743).

133. — *Cavaliers et dames s'entretenant dans un bosquet.*
Sur toile.
Haut. 73 c., larg. 1, 13.

François BOUCHER (école de) (1704-70).

134. — *Vénus armant l'Amour de son arc.*
Sur toile.
Haut. 92 c., larg. 83.

Même école.

135. — *Jeune femme nue étendue sur un lit.*
Sur toile, ancien cadre doré.
Haut. 53 c., larg. 63.

LEMOINE (1740 à 1803).

136. — *Nymphes et fleuve.*
Belle composition.
Sur toile, ancien cadre doré.
Haut. 78 c. larg. 98.

Noël COYPEL (1628 à 1707).

137. — *Vénus sur son char, escortée par les Amours.*
Sur toile.
Haut. 74 c., larg. 54.

Jacques-Sébastien LECLERC (1734-85).

138. — *Réunion de dames et cavaliers auprès d'un château;* fonds de paysage et figures accessoires.
Sur bois, cadre doré.
Haut. 48 c., larg. 63.

Jean-Baptiste GREUZE (1726 à 1805).

139. — *Portrait présumé de Necker.*
Peinture d'une grande finesse, remplie d'expression.
Sur cuivre, cadre doré.
Haut. 18 c., larg. 15.

Jean LEPRINCE (1748-81).

140. — *Pècheurs et laveuses au bord de la mer.*
Sur toile, cadre doré.
Haut. 35 c., larg. 52.

Simon-Mathieu LANTARA (1745-70).

141. — *Petit paysage.*
D'une grande transparence et d'une grande finesse d'exécution.
Sur bois, cadre doré.
Haut. 13 c., larg 23.

Charles NATOIRE (1700-77).

142. — *Ronde de Nymphes autour d'un Terme;* composition de six figures sur fond de paysage,
Bon tableau de ce maître peint en pleine pâte.
Sur toile.
Haut. 64 c., larg. 86.

Nicolas-Bernard LÉPICIÉ (1735-84).

143. — *L'Amour promenant son flambeau dans les airs.*
Dessus de porte sur toile, cadre doré.
Haut. 58 c. larg. 73.

Le même.

144. — *Tête d'enfant.*
Bon échantillon du maître.
Sur bois, cadre doré.
Haut. 17 c., larg. 15.

GROBON (de Lyon).

145. — *Fruits, volaille et gibier.*
Cinq tableaux de nature morte pour décor de salle à manger.
Sur toile, ovales, anciens cadres sculptés.
Hauteur 1 m. 13 c., larg. 65.

BAPTISTE.

146. — *Bouquet de fleurs (roses, œillets, etc).*
Sur toile, cadre doré.
Haut. 41 c., larg. 31.

GALLET (de Lyon).

147. — *Bouquet de marguerites.*
Sur toile, cadre doré.
Haut. 40 c., larg. 32.

P. REVOIL (de Lyon).

148. — *Portrait de Marie-Louise d'Autriche, impératrice de France.*
Beau dessin en pied sous verre.

INGRES (d'après).

149. — *Françoise de Rimini.*
Sur toile, cadre doré.
Haut. 28 c., larg. 23.

TRIMOLET (de Lyon).

150. — *Tête de vieillard.*
Petit tableau présentant toutes les qualités bien connues du maître.
Sur bois, cadre doré.
Haut. 16 c., larg. 13.

LEYMARIE.

151. — *Paysage avec ruines dans les Alpes.*
Sur bois, cadre doré.
Haut 44 c., larg. 55.

M. James BERTRAND.

152. — *Halte d'une famille italienne.*
Sur toile, cadre doré.
Haut. 25 c., larg. 38.

M, PERIGNON fils (signé et daté de 1852),

153. — *Jeune Algérienne.*
Sur toile, cadre doré.
Haut. 98 c., larg. 68.

M. GLEYRE,

154. — *Portrait d'homme*; étude du maître sur un condamné à mort.
Sur toile.
Haut. 62 c., larg. 50.

Ecole Russe (de Kiew).

155. — *La Vierge couronnée, avec son divin fils et le petit saint Jean.*
Sur bois.
Haut. 47 c., larg. 41.

LYON. — IMPRIMERIE D'AIMÉ VINGTRINIER

www.ingramcontent.com/pod-product-compliance
Ingram Content Group UK Ltd.
Pitfield, Milton Keynes, MK11 3LW, UK
UKHW020514180726
13839UKWH00005B/2076